Rim-Poe

시인 임보

자운영꽃밭

임보 시집

자운영꽃밭

Poetics 시학

■ 시인의 말

수년간 내가 써 모은 꽃과 푸나무에 대한 노래들을
이 『자운영꽃밭』에 묶어 세상에 내놓는다.

나는 동물보다는 식물과 더불어 지내는 게 편하다.
어쩌면 전생에 한 그루 나무였을지도 모른다는 생각이 든다.

내 영혼이 만난 아름답고 순수한 꽃과 나무들,
이 생명들에 대한 내 사랑이며 찬미다.

고달프게 살아가는 이들의 가슴을 어루만져 주는
부드러운 비파의 가락으로 다가갔으면 좋겠다.

2013년 5월
삼각산 밑 운수재에서
임 보

차 례

제1부 자운영꽃밭

제2부 모란아 모란아

제3부 감자꽃은 왜 피는가

제4부 꽃을 좋아하는 이유

제5부 나무는 왜 뜨겁지 않은가

제1부

자운영꽃밭

자운영꽃밭

저 시방정토 밝은 세상에
웬 연등들을 저리 내걸었나?

팔만 보살님들
붉은 가슴들을 열고
젖 보시 경쟁이다

모여든 꿀벌들
야단법석

왁자한
극락이다

명자꽃

4월, 맑은 햇살에
꽃 낯이 부십니다

진사 댁 초당에 핀
열일곱 몸종 같은

어느 시인* 쉰 넘도록
이름 헤매던 꽃

붉은 꽃 몸살에
봄날이 저립니다

---

* 미당은 쉰이 넘도록 명자꽃을 영산홍으로 잘못 알았다고 함.

꽃 다비茶毘*

4월 저 벚나무
꽃불 탑이다

사리舍利** 몇 알 얻으려고
소신공양燒身供養*** 중이다

---

* 다비 : 불교에서 시체를 화장火葬하는 일을 이르는 말.

** 사리 : 참된 수행의 결과로 생겨나는 구슬 모양의 유골. 유신遺身 · 신골 身骨.

*** 소신공양 : 자기 몸을 태워 부처 앞에 바침. 또는 그런 일.

꽃 나발

봄 동산은 온통
나발 소리로 눈부시다

진달래 나발, 목련 나발,
산수유, 개나리 나발

민들레도 살구꽃도
여기저기 시끄럽다

벌들도 방향을 못 잡고
우왕좌왕 난리다

귤꽃 앞에서

어떤 시인*은 죽음을 일러
모차르트를 더 이상 못 듣는 것이라고—

5월 이 아침 나도
한 그루 귤나무 앞에서 아부한다

죽음은
나로부터 네 향기를 앗아 간 것이라고—

---

* 김종삼(金宗三, 1921~1984).

자귀나무꽃*

분홍 깃털을 정수리에 단
푸른 봉황들

서로의 깃털 속에 부리를 묻고
사랑을 나누고 있다

저 윤기 흐르는
녹색의 날개들

다치지 않고 서로를 감싸는
무봉無縫의 환락歡樂

* 자귀나무를 합환목合歡木이라고도 함.

산딸나무꽃

5월에 눈이 내렸나?
푸른 잎새 위가 하얗다

흰나비 떼들이 달라붙었나?
꽃이 아니라 꽃받침이라고 한다

낙화

강물에 몸을 던진 궁녀들처럼

떨어진 능소화가 낭자합니다

비 그친 7월의 뙤약볕 뜰에

참매미만 청상처럼 목이 멥니다

* 아직 더 매달려 있어도 좋을 싱싱한 꽃들이 떨어져 누운 것을 보면 애처롭다. 능소화는 낙화암의 슬픈 전설을 떠올리게 하는 애잔한 꽃이다.

화한花恨

내설악 물빛에 마음이 팔려

7월 한 달포 떠돌다 왔더니

능소화 한철이 어느덧 다 가고

떨어진 꽃 머리만 흔근합니다

---

* 지는 꽃은 다 서글프지만 떨어지는 능소화는 더욱 그렇다.
마치 참수된 젊은 여인의 머리를 보는 것처럼 안타깝다.

디기탈리스

타지마할,
이 지상에 세워진 가장 아름다운 건물,
한 사내가 한 여인을 위해 바친 최후의 집—
찬란한 무덤,
영혼의 궁전

타지마할이 우리를 사로잡은 것은
매일 2만 명이 22년 동안 쌓아 올린
경악의 그 대리석 '축조물' 때문이 아니라
황제를 망친 한 여인의 '사랑' 때문이다

오, 사랑이여,
생애와
나라와
세계를 전복시키는 광란狂瀾이여,
그것이 설령 신이 빚은 생生의 아편阿片일지라도
네 속에 익사溺死하고 싶어라

이국의 꽃,
디기탈리스를 들여다보고 있노라면
아직 가 보지 못한 한 타지마할이 보인다
아니, 한 왕비가
아직 살아 있는 한 수인囚人을 위해
맑게 세운—,
눈부신 무덤!

꽃무릇

꽃이 아니라 불꽃이다
푸른 촛대 끝에 열린 붉은 절규

광화문광장에 모인
수십만 시위대의 촛불처럼

선운사 산문에 운집한
저 뜨거운 꽃불의 아우성

누구를 향해 무엇을 어쩌라는
저리도 붉은 삿대질인가!

시클라멘

한겨울 이글거리는 꽃송이들이 불꽃이다
꽃대의 맨 끝에 매달린 바람개비꽃
화분 위에 돋아난 수십 개의 붉은 풍차들이
더운 정적을 일으키며 어지럽게 돌고 있다
시클라멘, 인디언 추장의 주술 같은 이름
나비도 바람도 없는 겨울 실내에서
무엇을 하겠다고 저토록 눈부시게 타는가
티베트 사원의 젊은 라마승들이 손뼉을 치며
서로에게 질문을 던져 가며 깔깔거리듯
장닭의 붉은 벼슬인 듯 꽃잎들을 세우고
다투어 무슨 설법들을 하기는 하는 모양인데
내 귀가 막혀 한마디도 들을 수 없다

히아신스

수직의 꽃대 위에
여섯 개의 화판을 단 작은 보라색 꽃들이
벌집처럼 송알송알 쟁그랍게 매달려 있다

꽃탑을 세웠다

제아무리 시력이 낮은 벌일지라도
걸리지 않고는 못 배길
꽃의 등대,
아니, 꽃의 횃불이다

꽃의 방패,
아니, 그물이다

제2부

모란아 모란아

참나리꽃

7월 염천 뙤약볕 아래
키다리 나리꽃이 피었습니다

되바라진 분홍 꽃잎
주근깨투성이

카우보이모자처럼
건방진 꽃

긴 꽃술 헐떡이며
늘어뜨린 채……

망초꽃밭

강원도 산골에
밭들도 참 많습니다

옥수수밭, 감자밭, 망초꽃밭

감자밭,
망초꽃밭,
옥수수밭,

옥수수, 감자밭들 사이에
망초꽃밭이 즐비합니다

옥수수 감자밭은
농부들이 가꾸고
망초꽃밭은
하느님이 가꾸십니다

감자꽃이 지고 난 뒤

사람들이 버리고 떠난
빈 밭이 너무 허전해서
망초꽃들을 심으셨나 봅니다

7월의 푸른 산골이
골짜기마다
왁자하게 하얗습니다

상사화 · 1

상사화 피었다는 소문을 듣고
천 리를 달려 내려갔더니

잎들은 다 뭉개져 흔적도 없고
꽃대만 덩그렇게 솟았습디다

져 버린 잎 생각 다 잊은 채
공설운동장의 확성기처럼

괴* 벗고 달밤에 나팔 부는
곡마단 여자들의 허벅지처럼

---

* 괴 : '고의' 의 준말. 남자의 여름 홑바지, 속곳이라고도 함.

상사화 · 2

잎이 다 스러진 뒤
꽃대가 올라와 외롭게 피는 꽃

누가 그를 상사화라 했는가?

그놈은
보육원에 버려진 사생화私生花*

아니,
늙은 청상의 유복화**다

---

* 사생화私生花 : 사생아私生兒에서 유추하여 만든 말.
** 유복화遺腹花 : 유복자遺腹子에서 유추하여 만든 말.

갯쑥부쟁이꽃

우도牛島*의 부드러운 소머리오름**에는
이름도 없이 살다 간 사람들의
이름도 없는 무덤들이 즐비하다

세상을 어지럽히지 않고 살다 간
저 맑고 조용한 생애들을
몇 줌의 붉은 흙은 저렇게
깨어날 수 없는 영원한 잠 속에 묻었다

지난밤 천상을 달리던 은하銀河의 별들이
외로운 영혼들을 달래려 잠시 섬에 내려왔다가
차마 떠나지 못하고 주저앉아

겨울 갯바람 속에
꽃으로 푸르게 반짝이는
아, 슬프도록 눈부신 훈장勳章들!

---

* 우도 : 제주 성산포 앞바다에 자리한, 누워 있는 소처럼 생긴 한적한 섬.
** 소머리오름 : 우도에서 제일 높은 산등성이의 이름.

금낭화

초롱초롱 꽃초롱
황금 등초롱
부처님 오시는 길
불 밝히려고
소쩍새 울음 속에
피어났어요

지난해 가난 속에
가신 산山 아씨
서방정토 가시다
멈춰 섰어요
꽃초롱 팔에 걸고
멈춰 섰어요

산괴불주머니

주머니 주머니 괴불주머니
주렁주렁 매달린 노랑 주머니

산비탈 양지 녘에 고개 내밀고
나물 캐는 처자들 소피볼 때에

쫑알쫑알
쫑알쫑알
시끄러운 꽃

고개 넘던 스님도
걸음 멈추고
목탁 치며
중얼중얼
뒤돌아봐요

민들레

들레 들레 민들레

앉은뱅이 문들레

밥상 위에 금잠채

서당 앞엔 포공영

---

* 들레, 문들레, 금잠채, 포공영 등은 민들레의 다른 이름들임.
* 민들레는 다음과 같은 9가지 덕목을 지녔다고 해서 예로부터 서당 앞에 심어 놓고 학동들로 하여금 본받게 했다고 함.

1) 인忍 : 열악한 환경을 잘 견디어 냄.
2) 강剛 : 수난을 당해도 끈질기게 돋아남.
3) 예禮 : 차례를 지켜 꽃을 피움.
4) 용用 : 식용, 약용 등 여러모로 쓰임.
5) 덕德 : 벌 나비에게 꿀을 베풂.
6) 자慈 : 줄기의 흰 액이 젖과 같음.
7) 효孝 : 노인의 머리를 검게 하는 약.
8) 인仁 : 종기를 치료하는 약재로 쓰임.
9) 용勇 : 바람을 타고 씨앗이 멀리 날아감.

개불알꽃

개불알 개불알
늘어진 불알

나물 핑계 산에 갔던
젊은 과부들

질검질검 오줌도
지리고 가는

오종개 요강꽃 까치오줌통
개불란 작란화 까치오줌통

---

* 개불알꽃 : 오종개, 요강꽃, 개불란, 작란화, 까치오줌통 등으로 불리기도 함.

제비꽃

자주 제비, 흰 제비
노랑 제비, 얼룩 제비

강남 갔던 제비들 돌아올 적에
북녘 벌 오랑캐들 배를 곯다가
따다가 무쳐 먹는 외나물꽃

사내아인 꽃 목 걸어 씨름 붙이고
계집아인 손가락에 반지로 끼는

씨름꽃 장수꽃
앉은뱅이 반지꽃

---

* 제비꽃 : 오랑캐꽃, 씨름꽃, 장수꽃, 앉은뱅이, 반지꽃, 외나물 등으로 불리기도 함.

모란 여정*

5월 저 모란꽃을
좋아해 뭘 해
벌 나비 끌어안고
못 본 척한 걸

5월 저 모란꽃을
부러워 뭘 해
한낮 땡볕에
곧 시들고 말 걸

5월 저 모란꽃이
고우면 뭘 해
한나절 가랑비에
다 지고 말 걸

5월 저 모란꽃이
피긴 왜 피어

이 가슴 멍만 들게

피긴 왜 피어

---

* 목월의 시제를 빌려다 씀.

모란아 모란아

모란아 모란아
하얀 모란아

구름 같은 모란아
달빛 같은 모란아

5월 푸른 뜰에
어디 가는 흰 돛인가?
어디 가는 흰 날갠가?

내일이면 지고 말
그리움은 왜 피워?
괴로움은 왜 피워?

사랑은 왜 피워?

애기똥풀

애기 똥 노란 똥 구수한 똥

참새 까치 다투어 모이는 뒤꼍

애기 풀도 시새워 피고 있어요

노란 꽃 노란 물로 흉내 내면서

구린내도 흥겹다고 웃고 있어요

백모란

봄에 피어나는
천만 가지 꽃들은

천자만홍千紫萬紅으로
벌 나비들을 유혹하는데

저놈의 모란은 어이하여
은백의 무색인가

무욕청정 아마도
저 백모란의 뜻은

봉접蜂蝶이 아니라
사람에게 있나 보다

세속을 멀리 떠난
맑은 선비

그 영혼의 짝이 되려
찾아왔나 보다

제3부

감자꽃은 왜 피는가

오동꽃 소리

오동꽃은 나팔 모양이다

새로 돋은 가지 끝마다
작은 나팔들의 샹들리에를 켜고 있다

구부러진 몇 개의 검은 가지에는
지난해에 켰던 꺼진 등들이 아직 남아
꽃의 길을 일러 준다

벌들이 윙윙대며 달려드는 걸 보면
나팔 소리가 향기로운 모양이다

5월 느슨한 하늘에
오동나무가 볼이 터지도록 불어 대는

오동꽃에서는
보랏빛 소리가 쟁쟁하다

도라지꽃밭

초등학교 꼬마들이 손을 들고 아우성치는
어수선한 교실 속 같은

한 십여 평 도라지꽃밭

흰나비 한 마리 날아들자

나요! 나요! 나요!

얼굴을 푸르락 희락 악을 써도
한 소리도 들리지 않는

티베트 묘족의 여인들이 옹기종기 모여 앉은
장터 속 같은

도라지꽃밭

나 원 참!

꽃, 날다

한평생 붙박여 사는 저 나무 얼마나 답답할까
짐승을 보면 걷고 싶고 새들을 보면 날고 싶으리

그들이 그런 마음 지닌 것을 어떻게 아느냐고?
4월 하순쯤 자목련 밑에 서 보면 알 수 있다

가지마다 피워 대는 저 붉은 꽃들의 형상을 보라
새의 날개처럼 꽃잎을 열어 허공에 너울거리는 것을

떨어지는 꽃잎은 바람의 탓이 아니라 꽃들의 의지다
저 눈부신 활공, 낙화는 추락이 아니라 비상飛翔이다

영춘화迎春花

황사가 몰려오는
싸늘한 3월의 어느 봄날

아흔일곱에 세상을 떠나가신
친구의 자당을 배웅하고 돌아오는 길

병원 울타리에 매달린 노란 꽃들이 달려든다

개나리가 벌써 피어났나?
가까이 다가가 보았더니 아니다

앙증스레 작은 별 모양의 오판화들이
'영춘화迎春花' 라는 명패를 단 채
오돌오돌 떨고 있다

봄을 알리는 전령사?

도대체 벌 나비도 없는 이 추운 날에

왜 그리 서둘러 일찍 피어났단 말인가?

추운 세상에 목숨을 거는 열사烈士처럼
그놈들도 무슨 뜻이 있기는 있는 모양인데

내 귀가 어두워
그들의 말을 알아들을 수가 없다

꽃잎을 굴리는 바람

4월 지는 벚꽃 잎이
눈보다 더 분분하다

포도 위에 깔린 화판들의
붉은 혈맥들이 맑다

지나던 바람이 아쉬운 듯
누운 꽃잎들을 일으켜

포로로롱 포로로롱
몇 바퀴 맴을 돌리고는

소녀의 짧은 치맛자락
슬쩍 건드리고 지나간다

꽃들의 향기

장미꽃은 맵고
매화꽃은 시다

백합꽃은 너무 달고
밤꽃은 너무 비리다

그윽한 난초꽃이여
그러나 너무 차고 슬프다

그대여,
선녀의 체취를 맡아 보고 싶은가?

그러거든
귤꽃을 만나 보시라

꽃구경

그제는 전주 덕진호의 홍련을
어제는 김제 청련사의 백련을
오늘은 시흥 관곡의 가시연을

며칠 연꽃에 묻혀 해롱이다가
문득 바다 생각이 나
오이도 갯가로 달려갔네

술집 다락에 올라앉아
물을 보는 맛도 괜찮아라

난초 향기 나는 친구와 더불어
연변 아지매가 구워 준
조갯살에 소주 씹으면서

두고 온 연꽃 봉오리 생각하며
한나절 보내는 것도 삼삼해라

밤꽃을 보며

6월 중순쯤
중부고속도로를 달리며 보니
산들이 온통 허옇게 분칠을 했다
너울대는 밤꽃들이다

세상에!
사람들의 욕심이여,
저렇게 많은 밤나무를 산에 심다니
산들이 온통 밤나무밭이다

저 많은 놈들에게
다 밤을 매달게 하려면
벌들이 얼마나 기진맥진 일을 해야 할까?

그놈들 세상에도
노조勞組라는 게 있다면
한 달포쯤 파업을 할만도 하다

목련도 재주 좋게

이른 봄 따스한 햇볕이 마른 매화 가지를 덥히자
한 송이 매화꽃이 팝콘처럼 톡 터졌습니다
그러자 옆 가지 녀석들도 터뜨리기 시작했습니다
온통 매화나무에 팝콘이 가득 열렸습니다

곁에 서 있던 벚나무도 덩달아 시샘이 났습니다
매화보다 더 기를 쓰면서 팝콘을 튀겨 댑니다
소리 없이 튀겨진 팝콘 나무들로 거리가 온통 난립니다
세상 만난 벌들이 윙윙거리며 북새통입니다

한동안 멀찍이서 보고만 있던 목련도 안달입니다
저도 뭔가를 튀기고 싶은데 옥수수가 없습니다
하지만, 재주도 좋게 백목련이 바나나를 튀기자
덩달아 자목련도 보랏빛 가지[茄]를 튀겨 댑니다

맥문동

10월, 그늘 밑 맥문동들이
흑진주 영롱한 열매를 달았다

어떤 줄기는 주렁주렁
어떤 줄기는 듬성듬성
어떤 줄기는 빈 쭉정이

지난여름
합방한 벌들의 흔적이다

몰래 서방질한 년들
다 들통 났다

천사의 나팔

'천사의 나팔' 이라는 멋스런 이름의 이국종 화초가 있다
꽃이 신비로운 나팔 모양이어서 그런 이름을 얻었겠지만
그 나팔꽃 생김새가 물건은 참 물건이다

긴 꽃받침 속에서 꽃이 밀고 나온 형상이
마치 자라가 목을 길게 뽑아낸 것이라 할까?
아니, 수말[牡馬]의 그 물건이 약이 올라 머리를 들고 있는 형국이다

기다랗게 늘어진 그 꽃 앞에 선
순진한 여인들은 얼굴을 붉히고
음탕한 여인들은 깔깔대며 웃는다

도대체 어떤 벌을 불러들이려고
그런 희한한 자세로 피어나는지 궁금해서
몇 날을 지켜보고 있지만 벌들이 찾아온 기색이 없다

이 낯선 꽃에 덤빌 용감한 토종벌이 없어 그럴까?
향기도 없이 빈 나팔만 불고 있는 것 같아 안쓰럽다
어두운 밤 은밀히 찾아오는 누가 혹 있는지는 모르지만……

감자꽃은 왜 피는가?

씨도 만들지 않으면서
감자꽃은 왜 피는가?

식물의 꽃들은
교배를 하기 위해
벌, 나비를 부르는 생식기다

수술의 꽃가루를 암술에게 전달해야 씨를 맺는데
움직일 수 없는 식물들이니 매파를 부를 수밖에
그래서 고운 빛깔과 향기로운 냄새와 달콤한 꿀로
식물들은 저마다 천만 교태를 부리며
벌과 나비들을 유혹하지 않던가?

그런데
씨 만들 필요가 없는 구근식물인 감자가
꽃을 피우는 까닭은 무엇이란 말인가?
그 부질없는 일을 왜 해마다 되풀이한단 말인가?

감자도 수만 년 전에는 여느 식물들처럼

꽃으로 씨를 만들어 종족을 이어 갔을 터이다
그러다 뿌리를 발달시켜 번식할 수 있게 되자
씨를 만들 필요가 없어졌으리라

감자의 씨알을 충실히 들게 하려고
감자밭에 서서 감자꽃을 꺾어 버리는
영악한 농부님들아,
손을 멈추시라

감자는 과거 수수만 년 동안
그들의 조상들이 은혜를 입었던
벌 나비들을 매정하게 뿌리칠 수 없어
지금도 꿀을 만들어 보은報恩을 하는 것이리니—

사람들아,
그 보시布施의 꽃을 우습게 여기지 마시라

---

* 감자꽃도 더러 작은 토마토 모양의 열매를 맺기는 하는데 생식의 기능은 퇴화된 것으로 보임.

바나나

바나나 껍질을 벗긴다
드러난 바나나를 한 입 베어 물다 말고
생각한다
바나나 씨는 어디 있는가?
파초가 씨 없는 열매를 만든다는 것이 안타까워
인터넷 검색을 해 본다

뿌리로 번식하는 파초에게
인간들이 유전자조작을 해서
씨 없는 바나나를 만들도록 한 것인데
동남아 중남미 아프리카 할 것 없이
생산되는 모든 바나나는
미국의 농산물 회사들이 장악하고 있다

지금 내 입에 와 물린
달콤하고 부드러운 이 바나나의 속살은
열대의 정글을 점령한 백인 정복자들이
원시의 수목들을 파헤치고 농장을 만들어

선량한 원주민의 노동력으로 생산한 것이다

그 바나나가
거대한 자본의 유통구조를 통해
대양을 건너 이 조그만 온대의 나라
가난한 내 식탁에까지 파고들었다

내 입에 물린 달콤한 바나나가 문득 쓰다
뜨거운 열대의 태양 아래서
몇 푼의 일당을 위해 흘렸을 흑인들의 땀,
영문도 모르고
씨 없는 열매를 열심히 만들어 낸 파초들에게
미안키만 하다

겨울 산수유

정월 빈 가지에
매달린 홍보석 열매들

멧새들 무엇을 하느라
아직도 저리 남겨 두었는지

봄에는 꽃몸살
겨울에는 젖몸살

눈 속의 저 산수유
애가 다 닳겠네

제4부

꽃을 좋아하는 이유

산나물을 씹으며

오늘 저녁 삼각산 밑
운수재의 조촐한 식탁에 앉아
향기로운 봄나물을 씹는다

먼 남녘의 신선한 바닷바람
따스한 봄 햇살 그리고
포근한 산 냄새를 삼킨다

해마다 목련이 필 무렵이면
소포로 배달해 온 파란 봄이
어두운 내 속을 환히 밝힌다

세상이 그렇게 삭막하지 않고
아직 시詩가 그렇게 외롭지 않음을
새삼 깨닫게 하는 저녁이다

---

* 먼 남녘에서 해마다 귀한 봄나물을 따서 보내오는 이가 있다.
시詩로 말미암은 인연이 실로 향기롭다.

모과를 보며

어느 시인*이 자신의 집 뜰에서 잘 기른
크고 고운 모과를 한 개 갖다 주었다
향과 빛깔이 맑아 책상 앞에 두고 보는데
겨울에 접어들자 몸이 변한다
노오란 몸에 갈색 반점이 일더니
드디어는 검은빛으로 변해 썩어 간다
소녀의 피부처럼 곱던 표피가
노파의 살갗처럼 추해졌다
빛깔도 향기도 점점 사라지고 말았다

그놈을 그만 버려야겠다고 생각하는 순간
이제껏 놓여 있던 내 책상머리가
모과의 제자리가 아니란 걸 문득 깨달았다
땅속에 묻혀 싹을 틔워야 할 놈인데
부질없이 내가 붙들고 있었던 것
그를 지켜본 하느님이 아마도 딱했는지
골병을 주어 그를 놓이게 한 것이다

늙어 돌아가는 것이 다 뜻이 있는 것 같아
주름진 아내 얼굴이 새삼 애처롭다

아름다움을 잃지 않고 있다는 것은
아직도 지상에 존재할 가치가 있다는 것
그를 보아 줄 누군가가 있기 때문이다

---

* 청주의 일곡日谷 시인.

잡초

어느 날 우이동 시낭송회에 온 구상具常 시인은
아파트 베란다에서 기른 잡초 얘기를 했다

특별히 옮겨다 심은 진귀한 풀이 아니라
버려둔 묵은 화분에 저절로 생겨난 것들인데
그놈들의 생명이 참 신통하고
그놈들과의 만남이 또한 신기해서
뽑아내지 못하고 물을 준다는 것이다

어떤 사람이 집에 왔다 이를 보고서는
딱한 생각이 들었는지
화사한 화초 수십 분을 실어다 놓고 갔다

그러나 시인은 차마
그 잡초 화분들을 버릴 수가 없어서
실어 온 화초들을 어느 수녀원으로
다시 보내고 말았다며

껄껄 웃었다

적막한 세상

숲을 잃어버린 계곡의
앙상한 겨울은 얼마나 적막한가

꽃밭을 보고도 그냥 지나쳐야 하는
코를 잃은 벌의 비상은 얼마나 적막한가

아니, 한 마리의 꿀벌도 찾아들지 않은
구름처럼 만개한 꽃나무는 얼마나 적막한가

밤늦도록 기다려도 오지 않는
원앙금침 신부의 빈방은 얼마나 적막한가

적막한 꽃

벌들이 찾아오지 않는 꽃은 얼마나 쓸쓸한가

온 힘을 다해 고운 색채와 향기를 모아
저리도 예쁜 꽃들을 눈부시게 피웠거니

어인 일로 벌들이 발걸음을 끊었는가?
찾아오는 손님 하나도 없는
적막한 잔치 마당!

매화여,
너, 금년 농사 다 망쳤구나!

---

* 어인 일인지 우리 집 뜰의 매화꽃이 만개했건만 금년엔 찾아오는 벌들이 보이지 않는다.

낙과落果

때가 되면
어미는 새끼를 뗀다

암탉은 따라오는 병아리를 쪼고
암소는 젖을 무는 송아지를 찬다

사람의 어미도 때가 되면
파고드는 아이를 밀쳐 내지 않던가

과목에서 방금 떨어져 내린
저 상처 입은 과일

생명의 모든 시작은
그렇게 아프다

탄생

잎눈을 트고 나온 잎은
세상이 얼마나 환할까

꽃눈을 열고 나온 꽃은
세상이 얼마나 고울까

아, 우리들의 탄생도
그렇게 황홀이거니

바람과 어둠을 너무
탓하지 말 일이다

---

* 태어남 그 자체가 축복이다. 이 세상이 다 그대의 것이 아닌가.

월동

내가 수십 년 걸려 익힌 일을

오랑캐꽃은 한 철에 다 해냈다

사람들은 움막을 치고 설한풍을 넘지만

풀들은 흙 속에 뿌리만 묻고도 잘 견딘다

* 인간들은 한겨울을 나려면 그야말로 전전긍긍이다.
그러나 식물들은 아무런 장비도 없이 거뜬히 해낸다.

칭찬도 쉽지 않다

길가의 저 패랭이꽃 곱다고

그냥 쉽게 말하지 마라

그놈이 그렇게 피어나려고

몇만 년을 공들여 왔거늘!

---

* 이 세상에 신비롭지 않은 것은 아무것도 없다. 생명체는 더더욱 소중하다. 그 근원을 거슬러 오르면 얼마나 아득한가.

다섯

매화, 도화, 벚, 무궁화……

꽃잎들이 다 다섯이다

나도 손가락, 발가락 다섯이다

우리는 아마 가까운 친족인가 보다

---

* 다섯 개의 꽃잎을 단 오판화五瓣花들이 눈에 많이 띈다.
오지족五指族인 우리와 가까울 것만 같다.

밤꽃

6월, 연둣빛 불가사리들이

온통 산을 점령했다

잎들이 너무 푸르러

물결인가 싶어 기어오른 모양이다

---

* 밤꽃이 무더기로 매달려 있는 모습을 멀리서 보면 마치 바다의 불가사리들 같다.

꽃을 좋아하는 이유

모든 꽃은 웃는다

울며 피는 꽃은 없다

웃음처럼

소중한 몸짓은 없다

---

* '소문만복래' 라고 했던가. 웃고 살 일이다.

목재木材

곧고 가는 놈은 서까래로

곧고 굵은 놈은 도리*로

크고 튼튼한 놈은 기둥으로

만 근을 질 만한 놈은 상냥으로

* 도리 : 기둥과 기둥의 위에 얹어 서까래를 걸치는 나무.

** 이 세상에 쓸모없는 사람은 없다. 아니, 모든 사물은 다 존재할 만한 가치가 있다.

길을 가다

밟힌 풀들이 안쓰러워

왜 여기 났나 싶다가도

문득 내 꼴을 생각하며

입을 다물기도 한다

* 인간들도 미물들과 크게 다르지 않다. 너무 우쭐댈 것도 없다.

제5부

나무는 왜 뜨겁지 않은가

과일의 씨

사람들아, 먹기 편하다고
씨 없는 과일을 만들지 마라
식물을 속여 열매를 맺게 하여
배를 채우는 간악한 인간들아
그렇게 하다가 언젠가는
네 씨를 잃게 될지도 모른다

건강에 좋다고
씨까지 씹어 삼키는 족속들아
과일의 씨를 다치지 마라
그들은 씨를 지키려고
그처럼 열심히 과즙을 빚어
너희에게 제공하고 있거늘
씨까지 앗아 간 날강도들아
다음의 네 끼니를 위해서도
과일의 씨를 건드리지 마라

어떤 목련

천리포의 어떤 목련나무는
먼저 떠난 주인을 품고 사는데*
해마다 날이 풀리는 4월이 되면
땅속에 잠든 옛 주인을 깨워
제 꽃의 눈으로 세상을 내다보게 한다

그런 날이면
이 낌새를 가장 먼저 알고 달려온
박새며 멧새며 직박구리들이
지지배배 지지배배
난리들이다

그 소식의 소식들이 퍼져나가
먼 곳의 산수유 매화 벚나무들도
미리 품고 있던 꽃망울들을
시새워 축포처럼 터뜨린다

그렇게

천리포의 봄은
한 목련이 먼저
데리고 온다

---

* 천리포수목원의 설립자 민병갈(Carl Ferris Miller, 1921~2002) 선생은 수목원 안의 한 그루 목련나무 밑에 수목장 됨.

대[竹]

누에가 그 맑은 몸으로
은사銀絲의 가는 실을 뽑아내듯
대는 그 빈 몸으로 소리의 실을 뽑아낸다

그것을 못 믿겠거든
달이 밝은 밤 잠시
대밭에 나가 홀로 서 있어 보시라

아가의 손 같은 작은 댓잎들이
서로가 서로를 어루만지며
흰 달빛에 맑은 바람을 걸어
얼마나 신묘한 소리를 짜내는지

그래도 못 믿겠거든
저 단소나 대금의 가락을 들어 보시라
대의 몸에서 풀려나온
영롱한 소리의 실에
그대의 귀가 깊이 묶이지 않던가?

대가 몸을 그렇게 비운 것은
한평생 자신이 빚은 소리의 실타래를
그 속에 담아 두기 위함이다

용설란

내가 맞선을 본 며칠 뒤 그녀의 집에 초대되어 갔을 때
뜰의 큰 화분에 담겨 있는 한 화초가 환하게 다가왔다
무수한 은백의 구슬 종을 단 왕관처럼 꽃대를 솟구쳐 세운
한 그루 열대식물, 용설란이었다

그 뒤 아내가 된 그녀는
그 용설란 곁에 자란 어린 새끼 한 놈을 뽑아 내 집으로 데려왔다
전라도에서 서울로 덜컹거리는 트럭에 실려 멀미도 심히 했고
미아리 수유리 몇 차례 집을 옮기는 수난의 역정을 겪기도 했지만
아내와 그놈은 용케도 나를 포기하지 않고 따라다녔다

온실 맛도 못 본 그놈은 제대로 자랄 수가 없어서인지
40여 년이 지났는데도 아직 꽃을 피울 기미가 없다

하기야 집에 갇힌 아내도 새끼 몇 낳고 쭈그러들었을 뿐
아직 세상을 향해 꽃을 피워 본 적이 없으니
분盆에 갇힌 저도 제 집 형편을 눈치채고 조신 중인가?

늙은 용설란 이파리 위에 아내가 빨래를 걸친다
힘겹게 가는 길 함께 가자는 것인지— 그래도 아직
꿋꿋한 잎의 힘으로 잘 버티고 있는 것이 대견하다

향기의 소리

내 집에는 늙은 귤나무가 한 그루 있다
분 속에서 자라 별로 크지는 않지만 이른 봄이면
귤꽃 향기로 온 집 안이 환하다

제주도 출신의 친구*가 이민 가면서 주고 간 것인데
30여 년을 우리 식구들과 더불어 지낸다
눈의 나라 북미의 버펄로로 간 옛 주인은
흑인의 총을 맞고 땅에 일찍 묻혔는데
그 소식도 모르는 이놈은
매년 꽃을 피우고 열매를 매단다

유독 시인들을 좋아했던 작곡가
코리안심포니의 미완성 악보를 안고 떠났는데
지금쯤 천국의 어느 교향악단을 지휘하고 있는지
소식이 감감하다

귤꽃이 피면 음악이 들린다
천국에서 흘러오는 현금

코로 들리는 저 소리
가슴을 에는 찡한 향기

---

* 김수명金秀明 작곡가.

나무는 왜 뜨겁지 않은가

수십만 개의 집열판 잎으로
온종일 햇볕을 그렇게 끌어들이고도

수십만 개의 예리한 뿌리로
온종일 지열을 그렇게 빨아들이고도

나무는 왜 그리 차가운가?

네 발로 대지를 달리는 길짐승이여
두 날개로 공중을 나는 날짐승이여

몇 알의 곡식, 몇 점의 살코기를 찾아
높은 산과 넓은 들판을 헤매는

짐승들의 피는 왜 그리 뜨거운가?

나무는 너무 많이 먹어
배설하는 일이 없기 때문이다

용송龍松

괴산의 어느 맑은 산골*에
천 년 묵은 한 그루 솔이 산다

그 붉은 몸통은 번득이는 용의 등피요
그 뒤틀린 가지들은 꿈틀대는 용의 초리다

땅속에 묻힌 거대한 여의주를 서로 물려고
두 마리 용이 함께 머리를 처박고
허공에 갈기를 날리고 있는 형상이다

아니,
천 년 솔의 염원이 천만 가지에 서려
머리마다 푸른 깃털을 단 백두룡百頭龍이 되어
이제 막 천상을 향해 솟아오르려는 형국이다

괴산의 이 용송은
나무이면서 짐승이다

---

* 괴산군槐山郡 청천면青川面 삼송리三松里.

나무의 소리

나무가 운다고 했다
충청도 깊은 산골에 천 년을 넘게 산 은행나무가
이른 봄이면 소리 내어 운다고 했다
깊은 밤 문풍지를 울리듯 운다고 했다

그 소리를 아직 듣지 못한 사람들은
믿으려 하지 않았다
개울물 흐르는 소리일 것이라고도 하고
댓잎에 스치는 바람 소리이겠거니 했다

지난봄에 그 소리를 들어 보려
우이동 시인들 몇이서 달려갔다
나무는 영동의 깊은 산골 천 년 묵은 한 절 앞에 서 있었다
천만 가지의 끝마다에 푸른 잎새를 피워 내고 있었다

밤이 깊기를 기다렸다가 우리들은
나무님의 거대한 몸통에 매미처럼 매달려

귀를 대고 소리를 들었다
별이 이슥히 기울도록 들었다

그것은 나무의 울음이 아니라
나무의 혈관들을 타고 올라가는 물소리
봄을 맞아 잎을 피우려고 혼신의 힘을 기울여
빨아올리는 나무의 영혼이 빚어낸 소리라고 했다

그러나 청롱靑聾과니*는
잘 듣지 못한다고 했다
때 묻은 사람들의 귀엔
들리지 않는다고 했다

---

* 청맹靑盲과니를 패러디해서 만든 조어.

붉은 보시

12월 매운 하늘에
산수유 하는 짓 보고
한 수 배운다

그가 왜
지난 이른 봄 서둘러
노란 꽃들을 피워댔는지

그가 왜
지난여름 내내
무성한 잎으로 가지를 가렸는지

그리고 또 왜
지난 계절 내내
곧은 가시로 몸을 지켰는지

12월
된서리가 내리고야

비로소 알았다

고운 멧새들 불러 모아
한바탕 벌이는 잔치

잎을 다 떨구고 난
나신裸身의 가지들 사이에 매달린
눈부신 홍옥이여

백일백百日白

목백일홍木百日紅은 백 일 동안 붉게 핀다고 해서 붙은 이름이다
자미화紫微花라는 이름도 있는데 무더운 여름철 남도에 가면
홍보석 같은 꽃숭어리를 무더기로 달고 있는 자미화를 쉽게 만날 수 있다
내가 어렸을 적엔 개구쟁이 친구 놈들이 그 나무의 몸통을 기어오르려다
자꾸만 미끄러지고 미끄러지고 해서 미끄럼나무라고도 했고
밑동만 간질여도 잎들이 흔들린다고 해서 간지럼나무라고도 불렀다
꽃이 세 번을 피면 벼가 익는다고 해서
농부들은 그 꽃들을 겨냥해 농사를 돌보기도 했다
얼마 전 서울의 한 골목길을 지나다 어느 집 담장 너머로
너울거리고 있는 그놈을 보고 문득 놀랐다
그놈이 달고 있는 꽃은 붉은 것이 아니라 흰 것이었다

어찌 그리도 희한한 녀석이 있단 말인가
이놈 본 얘기를 자랑삼아 시수헌詩壽軒*에서 했더니
난정蘭丁**이 그놈에게 '백일백' 이라는 새 이름을
달았다

그런데, 어제 하남河南엘 갔는데
연도에 심어진 가로수들이 온통 백일백 천지였다
무슨 한이 서려 그 붉은 꽃들이
눈서리처럼 저리도 세어졌단 말인가?

---

* 시수헌 : 우이동 시인들의 사랑방.
** 난정 : 홍해리 시인.

딱주*

아마 예닐곱 살 되던 해쯤이었으리라
싹들이 싸목싸목 돋아나기 시작한 이른 봄에
할머니는 나를 데리고 뒷동산에 오르셨다
그분은 내게 딱주라는 풀을 일러 주시면서
열심히 그 뿌리를 캐서 바구니에 담았다

윗마을 한 부인이 지나다 무얼 하시는가 물었다
그러자 할머니는 허리를 펴시더니 큰 목소리로
"아, 글씨 이놈이 제 에미 팔다리 아프당께
딱주 캐다가 몸보신 시키자고 안 허요!"
"그놈 참 어린 것이 효자요 잉"

그 부인이 올라간 뒤 할머니께 따졌다
내가 그러지도 않았는데 왜 거짓말을 하셨느냐고—
그랬더니, 할머니는 빙그레 웃으시며
네가 말 안 해도 네 마음 내가 다 안다 하시며
딱주만 계속 캐고 계셨다

공부 핑계로 타국에 가 소식도 끊긴 아버지 대신

어머니는 조부모님 모시고 가솔을 먹여 살리려
밤새워 손재봉틀 돌리며 삯바느질을 하셨는데
갸륵한 며느리의 허약한 몸을 생각하며
할머니는 손자를 데리고 딱주를 캐러 가셨으리라

한데, 참 안타깝기도 하다
그때 할머니께서 그 부인에게 건넨 그 말씀이
실은 나 들으라고 했던 것임을 이제야 깨닫다니
저 놈이 제 어미 잘 보살피지 못할 걸 염려하시어
그렇게 미리 깨우쳐 주려고 하신 말씀이었는데

불효막심한 청맹과니 멍텅구리 이놈,
조모님도 어머님도 다 떠나시고
수십 성상이 지난 뒤 이제야 그 말씀을 깨우치다니
이른 봄 땅을 뚫고 돋아나는 싹들이 딱주만 같아,
아니, 할머니 말씀만 같아 제대로 바라볼 수가 없다

---

* 잔대라는 약초를 전라도에선 딱주라고 부른다.

청태산 흑진주

청태산 숲 해설가 흑진주라는 아가씨가
깃털 같은 노루오줌꽃도 보여 주고
깜부기 같은 시누대꽃도 보여 줍니다

자작나무 껍질로는 연서戀書도 쓰고
또 미라를 감는 붕대로도 쓴답니다
손톱이나 이를 닦기도 한다는
속새라는 퇴화된 작은 기둥식물도 보았습니다

어떤 색깔의 꽃이 가장 많은 줄 아세요?
빨강이라구요?
노랑이라구요?
아니, 아니, 흰 꽃이랍니다

어떤 곤충이 가장 많은 줄 아세요?
나비라구요?
벌이라구요?
아니, 아니, 밤에 나는 나방이라고 합니다

흰 꽃이 많은 것은 밤에 나는 나방이를 겨냥해서
그렇다는군요
낮의 꽃보다 밤의 꽃이 더 많다니!
글쎄요
나방이가 많아서 흰 꽃이 많아진 건지
흰 꽃이 많아서 나방이가 많이 생긴 건지
그건 그 아가씨도 잘 모르더군요

활엽수의 나이를 측정하는 법이며,
식물이 해충을 쫓기 위해 내뿜는 독가스
피톤치드Phyton-Cide가 인체에 이롭다는 것도
가르쳐 줍니다
그런데 벌레에겐 해로운 것이 어찌 사람에게 이로운
지는
미처 질문을 놓치고 말았습니다

귀화식물인 개망초꽃을 가리키며
무엇을 닮았느냐고 묻기에

머뭇거리고 있으니까
아이들은 금방 '계란 프라이' 라고 대답한다며
놀려 대기도 합니다

돌아가면 칭찬의 글을 올려 달라 했는데
홈피 주소와 본명을 그만 잊었지 뭡니까
흑진주라는 닉만 기억하고 있는데
진주처럼 단단하고 가무잡잡한
멋진 아가씨입니다

화산華山*

오월 중순
방학동放鶴洞** 고개를 넘어서자

왈칵
눈앞에 다가선 경이驚異

삼각산 중턱 푸른 신록들이
허옇게 눈[雪]을 이고 있다

바람이 산들 밀려오자
흔들리는 꽃물결

아카시아
군향群香……

---

* 화산 : 북한산의 다른 이름이기도 함.

** 방학동 : 서울 도봉산 곁에 있는 마을.

옥잠화와 비비추

'옥잠화玉簪花' 라고 생각하며 10년 넘게 그놈을 길렀는데
어느 날 공원을 산책하다가 화초들 곁에 꽂혀 있는 팻말을 보고
우리 집 뜰에 있는 그놈이 '옥잠화' 가 아니라 '비비추' 인 것을 알게 되었다.
세상에 이름을 잘못 불러 주다니…….
언젠가 며늘애가 그 꽃의 이름을 묻기에 '옥잠화' 라고 자신 있게 일러 준 적도 있는데,
이 무슨 낭패인가.

알고 봤더니 옥잠화와 비비추는 같은 백합과에 속한 화초이긴 하나 많이 다르다.
잎도 다르고 꽃도 다르다.
옥잠화의 잎은 넓고 둥근데 비비추의 것은 좁다란 타원형이다.
곧추 올라간 꽃대의 끝에 나팔 모양의 꽃이 잇달아 피어난 것은 비슷하지만

옥잠화의 꽃은 좀 두툼하고 옥처럼 흰데 비비추의 것은 가늘고 보랏빛이다.

말하자면 옥잠화는 귀족풍의 우아함이 있어 보이는데

비비추는 서민풍의 소박한 느낌이라고나 할까?

이름부터가 옥잠화는 귀족의 냄새를 풍긴다.

옥같이 하얀 꽃숭어리들이 매달린 긴 꽃대가

귀부인의 머리에 꽂힌 우아한 옥비녀를 연상케 해서 그런 이름을 얻었으리라.

그런데 비비추는 어떻게 해서 그런 이름을 갖게 되었는지 쉽게 풀리지 않는다.

무슨 멧새의 울음소리를 따온 것 같기도 하여 경박한 느낌마저 들기도 한다.

비비추를 옥잠으로 알다니…….

내 자신의 착오로 빚어진 일이건만 마치

누구에게 속은 것 같은 허전한 마음이 일었다.

부서를 조기로 여기고 사 먹은 사람이

뒤늦게야 알고서 느끼는 환멸감이 아마 이런 것일지

모른다.

그 반대의 경우라면 어떠할까?

옥잠을 비비추로 알고 기르다가 나중에 옥잠인 것을 알게 되었다면?

이 경우는 실망보다 반가움이 더 클 것도 같다.

우연히 얻어 기른 똥개가 진돗개로 판명될 때 느끼는 기분처럼 말이다.

이름이 문제다.

하지만 아무렇게나 이름이 붙는 건 아니다.

옥잠은 물에 가서 살면 부레옥잠이 되지만
비비추는 그만 익사하고 만다.
옥잠은 물에 몸을 띄울 부레를 만들어 내지만
비비추는 그런 재주가 없기 때문이다.

시인 임보

본명 : 강홍기姜洪基
1962년 서울대학교 국문과 졸업
1962년 『현대문학』으로 등단
시집 『임보의 시들 〈59 · 74〉』 『산방동동山房動動』 『목마일기木馬日記』
『은수달 사냥』 『황소의 뿔』 『날아가는 은빛 연못』 『겨울, 하늘소의 춤』
『구름 위의 다락마을』 『운주천불』 『사슴의 머리에 뿔은 왜 달았는가』
『자연학교』 『장닭 설법』 『가시연꽃』 『눈부신 귀향』 『아내의 전성시대』
논저 『현대시 운율 구조론』 『엄살의 시학』 『미지의 한 젊은 시인에게』
충북대 교수 역임
카페 〈자연과 시의 이웃들(cafe.daum.net/rimpoet)〉 운영

Email : rimpoet@hanmail.net

자운영꽃밭

지은이 | 임보
펴낸이 | 김재돈
펴낸곳 | 도서출판 시와시학
1판1쇄 | 2013년 6월 10일
출판등록 | 2010년 8월 10일
등록번호 | 제2010-000036호
주소 | 서울 종로구 명륜동1가 42
전화 | 744-0110
FAX | 3672-2674

값 10,000원

ISBN 978-89-94889-52-8 03810